SELMOURS

DE FLORIAN,

COMÉDIE

EN TROIS ACTES ET EN VERS,

Représentée, pour la première fois, sur le théâtre Favart, par les Comédiens sociétaires du théâtre royal de l'Odéon, le 5 juin 1818.

PAR M. ***.

A PARIS,

Chez DALIBON, Libraire, Palais-Royal, galerie de bois, n° 218.

———

1818.

PERSONNAGES.	ACTEURS.
M. PICKLE.	M. Chazel.
ELISA HARTLAY, sa belle-sœur, jeune veuve promise à Selmours.	Mlle. Adeline.
Le colonel ÉDOUARD SELMOURS, amant de mistriss Hartlay.	M. Bouchez.
Mistriss FORWARD.	Mlle. Delille.
JENNY, sa nièce.	Mlle. Fleury.
Sir ROBERT, fils de M. Pickle, amant de miss Jenny.	M. Pélicier.
PHRASIUS, son précepteur.	M. Armand.
FANNY, femme-de-chambre de mistriss Hartlay.	Mlle. Adèle.

La scène se passe à Londres, dans un hôtel-garni.

(Au premier et au second acte, le théâtre représente une terrasse; à droite de l'acteur, un pavillon; à gauche, un cabinet avec une fenêtre grillée; dans le fond, un jardin. Au troisième acte, il représente l'appartement de Selmours).

SELMOURS DE FLORIAN.

ACTE PREMIER.

SCÈNE PREMIÈRE.
M. PIKLE, ÉLISA, SELMOURS, FANNY.

(*On est assis à une table de thé; Fanny est debout derrière.*)

M. PICKLE, à *Selmours*.

Eh bien ! on vous a vu sortir dès le matin :
Dans Londres que dit-on ? Parlez, parlez enfin.
Jamais Anglais chez lui ne rentre sans nouvelle,
Bonne ou mauvaise, vraie... au moins officielle;
Pour moi, je ne sais rien, je n'ai que les journaux.
Voyons : le ministère ? et l'Inde ? et nos vaisseaux ?
N'est-il donc rien de neuf dans la vieille Angleterre ?
Qu'est-ce que l'on marie, ou qu'est-ce qu'on enterre ?...
Point de réponse encor ?... Je vous l'ai dit, Selmours,
Vous avez un secret ; négligeant vos amours,
Depuis hier votre ton n'a plus la même aisance ;
Près d'épouser ma sœur, vous craignez sa présence ;
Ou vous avez le spleen ou quelque noir secret.

SELMOURS.

Monsieur, écoutez-moi...

M. PICKLE.

Quelle autre cause au fait
Pourriez-vous m'alléguer ? Depuis huit jours à Londre,
Aux vœux de la famille empressé de répondre,
Je suis venu hâter un hymen dont ma sœur
Ainsi que vous, Selmours, se promet la douceur ;
Tous trois dans cet hôtel nous descendons, et vite,
Étrangers et parens, chacun nous félicite ;
Vos vœux étaient comblés... Soudain, muets et froids,
On vous dirait vraiment époux depuis six mois.

SELMOURS.

Mais...

M. PICKLE.

Pensez-vous qu'encor je sois à vous connaître ?
Que je ne sache pas que vous êtes peut-être
De nos Anglais, qu'on voit en maint travers errer,
Le plus ingénieux à vous désespérer ?

SELMOURS.

J'en puis avoir sujet.

M. PICKLE.

Oui, ce n'est pas un conte :
Vous êtes fort à plaindre ! Hier, sur votre compte,
Vous aurez entendu quelque mauvais bon mot
Tomber innocemment de la bouche d'un sot ;
Un fat peut-être aura blâmé votre conduite,
(Ce qui n'est arrivé qu'à vous) ; et tout de suite
Vous voilà désolé, vous croyez tout perdu :
Car, pour un point d'honneur assez mal entendu,
Tandis que sans raison chacun censure et fronde,
Vous vous êtes promis de plaire à tout le monde.

SELMOURS.

Monsieur Pickle....

M. PICKLE se levant.

Eh ! morbleu, laissez là, mon ami,
Ce beau projet que Dieu n'accomplit qu'à demi.
Bien fou qui, comme vous, dans le siècle où nous sommes,
Va mettre son bonheur à la merci des hommes !
Vertus, esprit, bon cœur, vous tenez tout du ciel,
Tout, hors du caractère, et c'est l'essentiel :
Efforcez-vous d'en prendre, et ne vous troublez guère
De tout ce que peut dire ou penser le vulgaire ;
Montrez ce beau dédain, dont je fais vanité,
Pour ce qu'on nomme ici de l'amabilité....
Enfin imitez-moi, je ne puis mieux vous dire.
Les seuls chagrins du cœur ont sur moi quelque empire :
Sachez donc une fois qu'on se passe fort bien
Des suffrages du monde, alors qu'on a le mien.

SELMOURS.

S'agit-il de cela ? Votre esprit infaillible
Se trompe en ce moment.

M. PICKLE

Je me trompe ! Impossible.
Pour être heureux, mon cher, vous n'aviez qu'à vouloir ;
Demain mistriss Hartlay couronnait votre espoir.
Du vieux baron mon frère, à vingt ans déjà veuve,
Elle est pleine d'esprit, de raison... et la preuve,
C'est qu'elle me consulte en tout évènement.
Quel serait donc l'objet d'un pareil changement ?

ÉLISA.

Quoi ! l'humeur de monsieur est pour vous un mystère ?
Moi, qui n'ai qu'un cœur droit et qu'un esprit vulgaire,
J'ai tout deviné.

M. PICKLE.

Vous ?

SELMOURS.

Craignez que sur ce point,
Madame...

ÉLISA.

Non, Monsieur, je ne m'abuse point;
Je vois trop qu'un moment a suffi pour éteindre
Une ardeur que le temps ne devait pas atteindre.

SELMOURS.

Vous déchirez mon cœur.

ÉLISA.

Je l'éclaire.

M. PICKLE.

Arrêtez :
Qu'une femme croit vite aux infidélités !

ÉLISA.

Mais comment expliquer ce trouble, cette gêne ?
Parlez : la raconter, c'est adoucir sa peine.

SELMOURS.

Sachez tout.

M. PICKLE.

Fanny, sors.

SELMOURS.

Et pourquoi la chasser ?

M. PICKLE.

Bon ! jusqu'à miss Fanny qu'il tremble d'offenser.

FANNY.

Tout le monde n'a pas cette aimable manie,
Monsieur le baron.

M. PICKLE.

Paix ! — Avec sa baronnie...

SELMOURS.

Vous savez que je dois tout à sir Mékelfort ;
Il m'a servi de père et seul a fait mon sort.
J'ai, dans ces derniers jours, fait partir un message
Par lequel je priais cet ami tendre et sage
D'approuver le bonheur que j'allais obtenir.
Hier j'attends sa réponse...

M. PICKLE.

Eh bien ?

SELMOURS.

Je vois venir
Un exprès, qui trompant ma plus chère espérance,
Me donne de sa mort la funeste assurance :
Un prompt trépas, Monsieur, l'enlève à ses amis.
Cependant de sa part un papier m'est remis ;
Je l'ouvre avec respect... Quelle surprise extrême !
C'était son testament ; et son ordre suprême
Me fait son légataire à titre universel.

M. PICKLE.

Voilà de vos chagrins le sujet si cruel ?

SELMOURS.

Vous allez voir : en outre, il a joint une lettre
Qu'entre mes seules mains l'exprès vient de remettre.

M. PICKLE.

Mais...

SELMOURS.

La voici : je veux, surmontant mes regrets,
Vous la lire à tous deux ; vous jugerez après.

« Mon cher Edouard,

« Je vous laisse toute ma fortune. Depuis que je vous connais,
« c'est à vous que je l'ai destinée, *personnellement à vous seul*. Elle
« se monte à vingt mille livres sterlings de revenu. J'ai pris les
« précautions nécessaires pour que personne ne pût vous la dis-
« puter : comme je ne la dois qu'à mes travaux, je pense qu'il
« m'est permis d'en disposer à mon gré. Si votre extrême délica-
« tesse vous engageait à la refuser pour la laisser à ma famille ou
« à qui que ce soit dans le monde, je vous préviens, je vous
« déclare que vous contrediriez manifestement mes désirs et ma
« volonté ; mon testament vous donne tous mes biens, sans au-
« cune condition. Cette lettre, mon ami, ne vous en dictera
« point, elle ne contiendra qu'une prière.

« Je suis père d'une fille de dix-huit ans, que j'ai fait élever
« avec soin. Elle a mérité ma tendresse ; elle est belle, sage, ai-
« mable, et doit, j'en suis sûr, faire le bonheur d'un époux.
« Des obstacles, venus en partie d'un caractère violent et d'un
« esprit dissipateur, m'avaient empêché d'épouser sa mère, qu'elle
« a perdue depuis dix ans. Ma Jenny est confiée aux soins de mis-
« tress Forward, sa tante maternelle, bonne femme, entichée
« de prétentions à la noblesse ; toutes deux habitent auprès d'Ox-
« ford, dans la petite seigneurie d'Owen, apanage qui compose
« à présent toute leur fortune, et que j'ai cédé à la vanité de
« mistress Forward.

« Je vous demande comme à mon ami, comme à mon fils
« adoptif, de réparer mes torts envers ma fille, de lui rendre
« un état, un nom, que je n'ai pu lui donner, et d'acquitter
« ma dette envers elle, en l'élevant au rang de votre épouse. Je
« vous répète, mon cher Edouard, que cette prière n'est point
« un ordre, n'est point surtout une condition, qu'elle n'a nul
« rapport avec les biens que je vous laisse : c'est une grâce que
« je sollicite de mon ami, de mon fils, une grâce que j'attends
« de sa piété.

« Votre cousin,
« Georges MERELFORT. »

M. PICKLE.

Ah ! ah !

SELMOURS.

Vous savez tout.

M. PICKLE.

Eh bien ! qu'allez-vous faire ?
Je crains que votre cœur encor ne délibère.

SELMOURS.

Non, Monsieur ; sur mon cœur prenez moins de soucis,

Je puis être affligé, mais non pas indécis.
M. PICKLE.
A la bonne heure.
SELMOURS.
Oui ; quels que fussent d'avance
Les droits de mon tuteur à ma reconnaissance,
Il n'avait pas le droit, pour des biens superflus,
De disposer d'un cœur qui ne m'appartient plus.
Certe, à cet argument il n'est pas de réponse.
M. PICKLE.
Comment ?
SELMOURS.
Au legs entier, dès ce jour je renonce.
Que m'importe un peu d'or ? avec ma pauvreté,
Je reprends mon amour, mes droits, ma liberté ;
Puis-je trop immoler à ce bonheur fidèle,
Qu'Elisa seule donne et qui m'attend près d'elle.
ÉLISA.
Selmours !
M. PICKLE.
Que dites-vous? N'avez-vous pas songé
Jusqu'à quel point, Monsieur, vous êtes engagé?
Mékelfort vous défend d'une manière expresse
De renoncer au legs que vous fait sa tendresse ;
Trahirez-vous le vœu de votre bienfaiteur ?
Sa lettre si touchante est votre accusateur.
Il a compté sur vous pour épouser sa fille,
N'aimant, ne distinguant que vous dans sa famille,
Il vous fait héritier de tout son bien, non pas
A la condition d'épouser..... Dans ce cas,
Distinguons, vous pourriez souscrire ou non, n'importe ;
Mais au refus d'abord il vous ferme la porte ;
Ensuite il vous demande une grâce en mourant,
Un service d'ami dont l'honneur est garant,
Et dont un cœur bien né d'autant moins se dispense.
Que rien ne l'y contraint que la reconnaissance ;
Donc il a prétendu, comptant sur votre foi,
Vous épargner, Monsieur, les devoirs d'une loi,
Pour vous en imposer de plus sacrés sans doute,
Qu'avant ses passions un honnête homme écoute.
ÉLISA.
Mais son honneur, mon frère, avant tous ces débats
S'est engagé....
M. PICKLE.
Ma sœur, ne m'interrompez pas.
J'en suis fâché pour lui, pour vous, et pour moi-même.
Mais, Monsieur, qu'allez-vous répondre à ce dilemme :
Si votre bienfaiteur était vivant encor,
Et que vous lui dissiez : « Je désirerais fort,
« Mais en vain, resserrer nos liens de famille,
» J'aime ailleurs, et ne puis épouser votre fille ; »

Il est au moins douteux que pour quelque parent,
Plus docile que vous, ou moins indifférent,
Mékellort ne changeât son vœu testamentaire :
Vous ne me nierez pas *la majeure*, j'espère ;
Aujourd'hui qu'il est mort pourra-t-il rien changer ?
Vous ne pouvez donc pas, Monsieur, vous dégager ;
Il vous faut suivre en tout ses volontés dernières,
Il vous faut, comme un ordre, accomplir ses prières,
Et vous bien souvenir que l'honneur, le devoir,
Comptent pour rien l'amour et son vain désespoir.

SELMOURS.
Cela peut être ; mais l'amitié, je suppose,
Doit, Monsieur, les compter encor pour quelque chose,
Et surtout s'exprimer avec moins d'âpreté ;
Je le croyais.

M. PICKLE.
Oh ! oh ! l'honneur, la probité,
Ne savent point, Monsieur, faire de belle phrase ;
Leur style est tout uni, sans fleurs et sans emphase,
Et ceux qui penseront autrement, je réponds
Qu'ils sont tous, plus ou moins, des sots ou des fripons.

SELMOURS.
Permettez-moi pourtant, malgré ma déférence
Et pour votre morale et pour votre prudence,
De croire qu'il existe encore en quelques lieux
Des gens autant que vous sensés et vertueux ;
Je les consulterai, Monsieur, et je le jure :
S'ils sont de votre avis, d'une vertu si dure,
La mort m'affranchira.

M. PICKLE.
Vraiment, le beau moyen !
Vous aurez beau mourir, cela ne prouve rien ;
Allez-vous-en mourir comme un franc imbécile.
Sachez, Monsieur, qu'il est souvent moins difficile
De mourir, que de vivre en faisant son devoir ;
Et comme à nos messieurs cent fois je l'ai fait voir....

SELMOURS.
Madame, je reviens à l'instant ; je vais prendre
L'avis de gens sensés qui voudront bien m'entendre,
Et je suis à vos pieds.

M. PICKLE.
Des avis ! des avis !
Quels autres que les miens doivent être suivis ?
Mais il part tout de bon.... C'est me faire une insulte.
Parbleu, je veux les voir ces hommes qu'il consulte !
Je m'attache à ses pas ; nous jugerons comment
Tous ces beaux conseillers tournent un argument ;
Et vous, monsieur Selmours, qui parliez comme quatre,
Vous trouvez plus aisé de fuir que de combattre.

(*Il sort.*)

SCÈNE II.

ÉLISA, FANNY.

ÉLISA.

Eh bien, Fanny ?

FANNY.

Eh bien, Madame ?

ÉLISA.

Plus d'espoir !
Voilà tout mon bonheur détruit.

FANNY.

Nous allons voir.

ÉLISA.

Je crains fort monsieur Pickle ; il m'a donné, ma chère,
Des conseils rigoureux ; je l'aime, il est mon frère....

FANNY.

Oh ! suivez ses conseils ; cet oracle est fort bon :
Quand toujours on raisonne, on a toujours raison.

ÉLISA.

Quoi ! Fanny, peux-tu bien, quand j'ai la mort dans l'âme,
Loin de me consoler, de pleurer....

FANNY.

Moi, Madame !
Je vous engage fort à la docilité ;
Votre cœur en sera long-temps triste, agité,
J'en conviens : dérogeant à son commun système,
L'hymen vous promettait la paix et l'amour même.

ÉLISA.

Ah ! Fanny !

FANNY.

Mais le ciel en ordonne autrement ;
Et tout cela n'est rien auprès d'un testament.

ÉLISA.

Il doit être sacré.

FANNY.

Oui, Madame, il doit l'être ;
Et l'homme que, vivant, vous n'avez pu connaître,
A tous les droits sur vous du moment qu'il est mort.

ÉLISA, *avec humeur.*

Mon Dieu !

FANNY.

Puis-je parler ?

ÉLISA.

Oui, parle.

FANNY.

Je crois fort
Que lord Selmours prendra cinquante avis ; et certe,
Lui qui veut plaire à tous et qu'un rien déconcerte,

Choisira d'autant moins qu'il en recevra plus ;
C'est à vous de fixer ses vœux irrésolus.

ÉLISA.

Tu crois donc ?...

FANNY.
Que la foi qu'il vous jura, Madame,
Le rend libre.

ÉLISA.
Et tu veux....

FANNY.
Qu'il vous prenne pour femme,
Et garde l'héritage.

ÉLISA.
Eh! mais, miss Mékelfort?...

FANNY.
Eh bien! qu'il le lui donne et vous épouse encor.

ÉLISA.
Il ne remplira pas la volonté suprême
De son digne parent ; et ne faut-il pas même
Un époux à sa fille ?

FANNY.
Allons, Madame, soit ;
N'en parlons plus.

ÉLISA.
Hélas ! tu sais tout ce qu'il doit
A mons'eur Mékelfort, au soin de sa mémoire ;
Et d'ailleurs....

FANNY.
Monsieur Pickle ?... Oh! c'est lui qu'il faut croire !
Certes, pour la sagesse, à son âge, on est mûr.

ÉLISA.
Il est sévère... oui ; mais c'est un homme sûr.

FANNY.
Oh ! c'est sûr ; car lui-même il convient à voix haute
Ne s'être, en soixante ans, trouvé jamais en faute.
Disputeur éternel !

ÉLISA.
Il a raison souvent.

FANNY.
Il parle le dernier.

ÉLISA.
Son cœur est excellent.

FANNY.
Et sa poitrine !

ÉLISA.
Au moins tant qu'a vécu sa femme,
Il a fait son bonheur.

FANNY.
Oui ; mais la pauvre dame,
Qu'il vous endoctrinait, prêchait à l'infini,
A force d'écouter mourut sourde.

ÉLISA.

Fanny!...

FANNY.
Et ce pauvre Robert, son fils, ce bon jeune homme,
A l'université s'instruisant, Dieu sait comme,
Qu'avec un précepteur, pensant peu, parlant fort,
Il veut jusqu'à trente ans confiner dans Oxford?...

ÉLISA.
Que vous importe?

FANNY.
Mais sir Robert, malgré l'ordre,
Dans dix ans au latin voudra-t-il encor mordre?

ÉLISA.
Finirez-vous?

FANNY.
Encor monsieur Pickle veut-il,
Quand il l'aura tiré de son savant exil,
Lui faire à la maison redoubler sa logique.

ÉLISA.
Laissez-moi.

FANNY.
Mais...

ÉLISA.
Sortez.

FANNY.
Pour un rien on se pique,
Et je sors. Quel talent il faut en pareil cas,
Pour forcer d'être heureux des gens si délicats.

SCÈNE III.

ÉLISA *seule*.

Hélas! tout mon bonheur a donc fui comme un songe.
Selmours!... Dans quels tourmens son embarras me plonge!
Ah! qui pourra, calmant mes trop justes regrets,
Me payer le bonheur que je lui préparais?
Mais, faut-il renoncer. Est-il donc impossible
De trouver à sortir d'un état si pénible,
Et de concilier, sans reproche, en ce jour
L'intérêt du devoir et celui de l'amour?...
Puis-je d'un tel espoir flatter mon infortune?
Je craindrais de le perdre. — On vient; tout m'importune.

SCÈNE IV.

ÉLISA, PHRASIUS, FANNY.

PHRASIUS *à Fanny*.
Comment! il est sorti, charmante miss?

FANNY.

Eh oui !
Combien faut-il le dire ?

PHRASIUS à *Elisa*.
Ah ! il n'est pas chez lui,
Madame ?

ÉLISA.
Qui, Monsieur ?

PHRASIUS.
Eh ! vraiment, monsieur Pickle.

ÉLISA.
Non, vous pouvez l'attendre.

PHRASIUS.
Oh ! c'est un autre article,
L'attendre ! voyez-vous : c'est que, de mon endroit,
Pour un objet urgent j'arrive ici tout droit ;
D'abord il faut vous dire ... Eh ! non, il faut me taire ;
Car, sir Pickle excepté, ce doit être un mystère
Pour tout le monde ; encor lui-même il ne sait pas...
Suffit, il m'en voudrait si j'épargnais mes pas ;
C'est clair.... (*fausse sortie*).

FANNY.
Ecrivez-lui plutôt un bout de lettre,
Vous me le remettrez, et je puis vous promettre
Qu'il sera lu...

PHRASIUS.
Bien dit ! écrivons... Moi présent,
Faut-il qu'il soit dehors ? cela n'est pas plaisant.

FANNY, *riant*.
Monsieur doit s'y connaître.

PHRASIUS.
Hein ?

FANNY, *riant*.
Ah ! ah ! l'imbécille !

PHRASIUS.
Comme on est jovial dans cette grande ville !
Depuis le coche d'eau, d'où je sors tout botté,
Je trouve autour de moi tout le monde en gaîté :
Votre nom ? — Phrasius : c'est ainsi qu'on me nomme.
— Votre état ? — Précepteur. Le sournois de jeune homme,
En m'offrant mon ballot, l'a deux fois laissé choir,
Et s'est caché long-temps le nez dans son mouchoir ;
Un long jokey, portant ma petite sacoche,
M'accompagne, et chacun en passant me décoche
Un grand éclat de rire, au moins très-familier ;
J'entre ici, même accueil. C'est vraiment singulier :
Comme on est jovial dans cette grande ville.

FANNY.
Tout est prêt, vous pouvez déployer votre style.

PHRASIUS à *Elisa.*

Vous permettez....

ÉLISA.

Très-fort.
(*Phrasius entre dans le cabinet, s'assied et écrit*).

SCÈNE V.

LES PRÉCÉDENS, SELMOURS.

SELMOURS *vivement.*

C'est vous, chère Elisa,
De grâce écoutez-moi.

ÉLISA.

Quoi ! de retour déjà,
Monsieur ?

SELMOURS.

Que voulez-vous, je rassemblais à peine
Quelques amis à qui je racontais ma peine,
Que, toujours aux aguets et ne me quittant pas,
Monsieur Pickle est soudain arrivé sur mes pas,
Et dans notre entretien s'ingérant tout de suite,
Il a pris la parole et moi j'ai pris la fuite.

ÉLISA.

Et vous l'avez laissé....

SELMOURS.

Discutant, raisonnant.
Mais d'un autre embarras il s'agit maintenant....
Vous pouvez le finir.

ÉLISA.

Moi ? Non : qu'y puis-je faire,
A l'univers entier si vous ne pouvez plaire ?

SELMOURS.

Non, Elisa, mon cœur ne veut plaire qu'à vous,
Et votre opinion sera celle de tous.
Sachez donc qu'en tenant sa démarche secrète,
Mistriss Forward, pour Londre, a quitté sa retraite;
Et que depuis hier elle est dans cet hôtel,
Là, dans ce pavillon; le fait est trop réel :
Voilà ce qu'à l'instant James vient de m'apprendre.
Maintenant, Elisa, quel parti faut-il prendre ?
J'ignore quel dessein conduit mistriss Forward,
Ou si ce voisinage est l'effet du hasard;
Si miss Jenny connaît les ordres de son père,
Mais ce doute m'accable et tout me désespère.
C'est à vous d'assurer mes vœux mal affermis,
Et de guider un cœur que vous avez soumis.

ÉLISA.

Non, Selmours ; je ne peux expliquer ma pensée

Sur un point où je suis si fort intéressée.
Revoyez vos amis, et...

SELMOURS.
Non, je ne le puis ;
Disposez de mon sort ; dans le trouble où je suis,
Vous êtes mon espoir, mon unique refuge.

ÉLISA.
Vous obéirez donc ?

SELMOURS.
Oh ! oui ; soyez mon juge.
Je promets tout, sinon d'épouser miss Jenny.

ÉLISA.
Et peut-être est-ce là le plus sage parti !

SELMOURS.
C'est vous qui me donnez ce conseil ?

ÉLISA.
Mais... je pense
Que la délicatesse et la reconnaissance....

SELMOURS.
Eh bien ! je vais trouver mistriss Forward ; je cours
Immoler à sa nièce et mon cœur et mes jours,
L'épouser pour sortir de tant d'inquiétudes.
(*Fausse sortie.*)

ÉLISA.
Allons, car j'ai pitié de vos incertitudes ;
Venez.... Si vous devez être un jour mon époux
Laissez-moi vous conduire et disposer de vous.
Une femme, Selmours, par fois pour elle-même
Peut manquer de raison, jamais pour ce qu'elle aime.

PHRASIUS, *écrivant.*
Que de distractions me passent dans l'esprit !

FANNY.
Quoi ! vous en avez donc ?

PHRASIUS.
Eh ! oui, sans contredit,
Des distractions.

FANNY.
Ah !

ÉLISA, *à Selmours.*
Ecoutez, le temps presse.
Qu'elle était, entre nous, l'intention expresse
De monsieur Mékelfort ? Il en eut deux, je crois ;
L'une de reverser tous ses biens à la fois
Sur sa fille et sur vous, qu'il chérissait en père ;
L'autre d'unir Jenny, par un hymen prospère,
Au sort d'un homme aimable et qui puisse l'aimer :
En faisant tout cela pourra-t-on vous blâmer ?

SELMOURS.
Non sans doute.

ÉLISA.
Eh bien donc partagez l'héritage

Comme entre frère et sœur ; d'abord par ce partage
Voilà le premier point rempli : qu'en pensez-vous ?

SELMOURS.

Mais le second ?

ÉLISA.

Cherchez sans retard un époux
Qui présente à Jenny ces qualités de l'ame,
Qui feront avec vous le bonheur d'une femme :
Cela n'est pas aisé ; mais Jenny sur ce point
Verra par d'autres yeux, ne vous connaissant point.
Vous, jusqu'à ce moment, gardez en tuteur sage
La dot qu'elle devra toucher en mariage ;
Vous voyez, mon ami, si son père eût vécu,
Qu'il n'aurait pas mieux fait.

SELMOURS.

Oh ! non, je suis vaincu ;
Rien n'est persuasif, je l'éprouve moi-même,
Autant que la raison dans la bouche qu'on aime.

ÉLISA.

De mon projet, je crois, le succès....

SELMOURS.

Est certain ;
Et chez mistriss Forward j'irai dès ce matin.
Ainsi tout mon bonheur deviendra votre ouvrage.

ÉLISA.

Que la tante d'abord ait un riche avantage.
Avec cent mille écus de rente, miss Jenny
Ne pourra pas manquer d'avoir un bon mari ;
Elle le choisira, ce sont là nos systèmes ;
Vous ferez deux heureux....

SELMOURS.

Nous le serons nous-mêmes.
Si mes offres pourtant ne lui convenaient pas,
S'il fallait....

ÉLISA.

Terreur vaine !

SELMOURS.

Allons, dans tous les cas
J'aurai fait mon devoir ; dois-je en craindre la suite ?
Personne ne pourra reprendre ma conduite.

SCÈNE VI.

PHRASIUS, FANNY.

PHRASIUS *sortant du cabinet.*

Voilà ma lettre à bout.

FANNY.

Ma patience aussi.

Donnez.

PHRASIUS.
Ne faut-il pas que je pointe les I,
Que je barre les T, je soigne les virgules;
Le style, enfin, le style?...
FANNY.
Ah! quels yeux ridicules
Vous me faites!
PHRASIUS, *lisant*.
« Monsieur.... Ce petit air sournois
« M'enchante, et vous avez le plus piquant minois,
« L'œil le plus agaçant; oui, le diable m'emporte,
« Si je.....
FANNY.
Vous écrivez des choses de la sorte
A monsieur Pickle?
PHRASIUS.
Eh! non, parbleu, je vous les dis,
Ange femelle, à vous, rose de Paradis.
Ah! çà, de ce logis vous êtes la maîtresse?
FANNY.
Non, je suis la soubrette.
PHRASIUS.
Eh bien! enchanteresse,
C'est égal; je vous aime, et mon cœur trop ardent....
Non, Ève n'était pas plus belle aux yeux d'Adam.
FANNY.
Quel compliment!
PHRASIUS.
Puisé dans Milton, notre Homère;
Oh! vous êtes vraiment fraîche comme la mère
Du genre humain.
FANNY.
Flatteur! petit serpent!
PHRASIUS.
Moi? Bon!
Voulez-vous m'épouser, Mademoiselle?
FANNY.
Non.
Vous allez vite au moins.
PHRASIUS.
Voyez, je ne m'informe
Ni si votre naissance à la mienne est conforme,
Ni si vous êtes riche; et sans rémission
Je vous enlève..... avec votre permission.
Vous verrez mon collége, et, reine dans ma classe...
FANNY
Qui? moi! pauvre ignorante! y serais-je à ma place?
PHRASIUS.
Laissez donc; lorsqu'avec quelqu'assiduité
Nous aurions fait ensemble un cours d'humanité...
FANNY.
Oh! vous y perdriez votre latin.

PHRASIUS.
                    Peut-être
L'écolière bientôt en montrerait au maître.
                FANNY.
Mon cher monsieur, pour moi l'intérêt n'est de rien
Dans le choix d'un mari ; mais ma foi j'en convien,
Je mettrais, si de vous j'acceptais pareille offre,
La dot...
            PHRASIUS.
        Où?
                FANNY.
        Dans mon lit.
                PHRASIUS.
                Et l'époux?
                FANNY.
                        Dans le coffre.
            PHRASIUS.
Oh ! dans quel traquenard mon cœur s'est-il fourré !
            FANNY.
Eh bien ! vous déchirez votre lettre?
            PHRASIUS, *déchirant la lettre.*
                        Ah ! c'est vrai.
Devine qui pourra.
                FANNY.
            Quel message est le vôtre?
Que dirai-je pour vous?
                PHRASIUS.
                Rien ; je cours après l'autre...
                FANNY.
Après qui?
                PHRASIUS.
            Oui, cherchez ! je vais chercher aussi.
Jeune homme inconséquent ! des yeux comme en voici
T'auront tourné la tête, et ma disgrâce approche.....
L'amour..... Moi qui croyais l'attraper par le coche.
Mais par où donc sortir ?
                FANNY.
            Quel embrouillé conteur !
Un jeune homme et mes yeux, le coche, un précepteur,
Cette lettre.... voilà pour troubler vingt cervelles.
Par ici, suivez-moi : sachons quelques nouvelles,
Car il est par ma foi si bête, qu'il m'a l'air
D'être le précepteur du pauvre sir Robert.
            PHRASIUS.
Venez, courons, cherchons.... surtout, ma belle amie,
Ne vous mariez pas sans moi, je vous en prie !

FIN DU PREMIER ACTE.

2

ACTE SECOND.

SCÈNE PREMIÈRE.

Mistriss FORWARD, JENNY.

(Elles sortent du pavillon à droite).

MISTRISS FORWARD.

Non, Miss ; je ne veux point que, toujours solitaire,
Avec un sot roman vous cherchiez le mystère.
Quoi ! d'ennoblir vos goûts n'est-il donc nul moyen ?
Vous lisez, vous pleurez comme les gens de rien ;
Vous, Jenny, vous, ma nièce ?

JENNY.
Eh ! laissez-moi, ma tante,
Charmer par ces écrits les longueurs de l'attente.
Une autre voudrait voir cette grande cité ;
Je suis fille, et n'ai point de curiosité.

MISTRISS FORWARD.
Vous n'avez que malice et caprice dans l'âme.

JENNY.
Encor par quelque trait faut-il que je sois femme.

MISTRISS FORWARD.
Votre tête....

JENNY.
Oh ! voilà votre refrein fatal ;
Ma tête.... Mais chacun n'en juge pas si mal.

MISTRISS FORWARD.
J'ai passé, quand j'étais votre unique compagne,
Vos petits airs communs, vos travers de campagne.
Vous entrez dans le monde où les bourgeois ont tort ;
Il vous faudra de ton changer avec le sort.
Votre père n'est plus ; il vous a peu connue,
Mais du moins sa bonté s'est de vous souvenue.
Il vous laisse une dot, et, je crois, de grands biens ;
Un parent, qui lui tint par les plus forts liens,
Un lord, doit accomplir ses vœux testamentaires ;
J'ai fait, pour le trouver, tous les pas nécessaires ;
Il est à Londre, et peut, par tel événement,
Nous remettre en état de vivre noblement.

JENNY.
Ces intérêts réglés, gagnons notre retraite.

MISTRISS FORWARD.
Ce n'est point mon dessein. Une affaire se traite ;
Ce parent, qui d'un père a tous les droits sur vous,
Doit vous voir, et vous est destiné pour époux.
Je n'imagine pas qu'en votre solitude,
Près de vous enterré....

JENNY.
　　　　　Ce sort n'est pas si rude.
Mais, ma tante, aurait-on disposé de ma main ?

MISTRISS FORWARD.
Votre père.

JENNY.
　　　Il a pu, par un ordre inhumain,
M'obliger de former des nœuds que je déteste ?

MISTRISS FORWARD.
Pourquoi les détester ? Selmours, jeune et modeste,
Est un aimable riche, un seigneur plein d'esprit.

JENNY.
Ces phénomènes-là sont beaux, sans contredit ;
Mais il n'est qu'un objet où mon cœur s'intéresse,
Et de ce cœur enfin je ne suis pas maîtresse.

MISTRISS FORWARD.
Je vous entends. Robert, sir Robert, n'est-ce pas,
Vous tourne la cervelle et meurt pour vos appas.
Savez-vous à quel point vous êtes ridicule ?
Savez-vous, pauvre miss, que l'amour qui vous brûle
Pour un jeune écolier entrevu dans Oxfort,
Et je ne sais comment ; qui vous aime bien fort,
Et je ne sais pourquoi ; qui veut en téméraire
Vous obtenir de moi sans l'aveu de son père,
Est le plus sot calcul et la plus folle erreur ?...

JENNY.
Ma tante....

MISTRISS FORWARD.
　　　　Oubliez-là cette frivole ardeur.
Je vois un sort brillant qui pour nous se prépare ;
Je ne souffrirai point que votre choix s'égare.
Sortons de cet état qui pèse à ma fierté ;
La fortune sourit : passons de son côté.

JENNY.
Vendre un cœur à l'hymen est un calcul commode ;
Mais l'usage, ma tante, en a passé de mode.

MISTRISS FORWARD.
Plaît-il ?

JENNY.
　　　Je vous respecte et vous chéris ; mais quoi,
Ce sacrifice horrible est au-dessus de moi !

MISTRISS FORWARD.
Fort bien. Disposez-vous, ma chère, avec prudence,
A suivre les leçons de mon expérience.

Je rentre pour veiller à vos seuls intérêts.
Vous savez si je souffre obstacle à mes projets :
A recevoir Selmours soyez donc préparée.

SCÈNE II.

JENNY seule, puis ROBERT.

JENNY.
Il ne tiendrait qu'à moi d'être désespérée :
La belle occasion ! mais je n'en ferai rien ;
Non, je le sens. Mon père, hé quoi ! se peut-il bien
Que vous ayez dicté ce testament sévère ?
Ah ! l'ordre d'affliger vient-il jamais d'un père !
Et Robert dans Oxford sera-t-il seul resté ?
Ciel ! que d'indifférence et de tranquillité !
Ne pas de mon départ deviner le mystère :
Il est vrai que ma tante, en partant de sa terre,
De ses brusques desseins n'a nullement parlé ;
(Robert paraît dans le fond).

ROBERT, *sans voir Jenny.*
Me voici dans l'hôtel.

JENNY.
Que, toujours surveillé,
Lui-même d'un pédant subit la dépendance.

ROBERT, *à part.*
Jenny seule !

JENNY.
Nous suivre en cette résidence,
Impossible !... Est-il rien d'impossible à l'amour ?
Si Robert m'eût aimée, il aurait en un jour
Prévu tous les dangers, bravé tout, et peut-être
A mes yeux tout-à-coup je l'aurais vu paraître.

ROBERT, *à part.*
Le voilà.

JENNY.
J'aurais eu d'abord bien du courroux ;
Mais à de pareils torts pardonner est si doux !
J'aurais, en m'apaisant, blâmé son imprudence,
Prescrit à l'indiscret d'éviter ma présence....
Il n'en aurait rien fait ; et nous eussions tous deux
Concerté les moyens d'éconduire un fâcheux.
Je ne puis seule ainsi faire tête à l'orage ;
Mais sa témérité m'eût rendu mon courage ;
Il eût pressé du moins la main qu'on lui ravit.
Quel bonheur de l'entendre, inquiet, interdit,
Répéter à mes pieds : « Jenny, je t'aime encore ! »

SCÈNE III.

JENNY, ROBERT.

ROBERT.
Oui, j'en jure à vos pieds, Jenny, je vous adore.
JENNY.
Ah, mon Dieu ! qu'est-ce là ? Retirez-vous, Monsieur,
Vous me faites mourir de trouble, de frayeur ;
Fuyez, retirez-vous, sortez.
ROBERT.
     Prenez courage ;
Laissez-moi près de vous faire tête à l'orage.
JENNY.
Imprudent ! si ma tante avait surpris vos pas !
ROBERT.
Cette main qu'à mes vœux on ne ravira pas,
Laissez-la moi presser.
JENNY.
    Fuyez : quel trouble extrême !
ROBERT.
Ah ! je n'en ferai rien : vous l'avez dit vous-même.
JENNY.
Je l'ai dit ; mais, Monsieur, qui vous devinait là ?
Je ne le dirai plus.
ROBERT.
    Les femmes, les voilà,
Désavouant soudain l'aveu qui leur échappe.
JENNY.
N'ajoutez pas, Robert, au malheur qui me frappe.
Comment vaincre ou parer tous les maux de ce jour ?
Impossible.
ROBERT.
   Est-il rien d'impossible à l'amour ?
Je sais qu'à lord Edouard l'intérêt vous destine.
JENNY.
Il est vrai.
ROBERT.
   Se peut-il que l'on vous détermine
A signer le bonheur d'un autre époux que moi ?
JENNY.
Non, je mourrai plutôt que de trahir ma foi.
ROBERT.
Je reconnais Jenny.
JENNY.
    Mais j'ordonne sur l'heure
Que partant pour Oxford vous quittiez ma demeure,
Et ne reparaissiez que nos périls passés.
Peut-être mes aveux réussiront assez

Pour dégoûter Selmours d'un hymen qui m'outrage.
ROBERT.
Ah ! vous lui plairez trop. Moi, j'aurais le courage
De vous abandonner, et dans le jour fatal
Où peut-être un contrat vous livre à mon rival ?
JENNY.
Votre présence ici peut nous être contraire.
ROBERT.
Je veux voir lord Selmours.
JENNY.
    Que prétendez-vous faire ?
ROBERT.
M'expliquer avec lui.
JENNY.
    Quelqu'un vient.. Ah ! Robert,
Au nom du ciel, fuyez ; vous serez découvert.
ROBERT.
Je sors, sans m'éloigner ; pour veiller avec zèle.

SCÈNE IV.

SELMOURS, JENNY.

SELMOURS, *à lui-même*.
Voyons : mistriss Forward, m'a-t-on dit, est chez elle.
JENNY.
Je ne puis surmonter mon embarras.
SELMOURS, *à Jenny*.
      Ici
Loge mistriss Forward ?
JENNY.
    Ah ! sans doute voici
Celui dont ce matin me menaçait ma tante.
SELMOURS.
Je viens l'entretenir d'une affaire importante.
JENNY.
A peine je respire !
SELMOURS.
    En son appartement....
JENNY.
Sir Robert a-t-il pu s'échapper prudemment ?
SELMOURS.
Mademoiselle....
JENNY.
    Oui ; je m'en vais au plus vite
De Monsieur à ma tante annoncer la visite ;
Elle viendra dans peu, daignez l'attendre ici.

SCÈNE V.

SELMOURS, *seul.*

Sa tante, ai-je entendu? Serait-ce miss Jenny?
J'ai cru voir quelque trouble en son maintien paraître;
Elle est loin de m'attendre et loin de me connaître.
Allons, préparons-nous à l'utile entretien
Où doit se décider et son sort et le mien.

SCÈNE VI.

MISTRISS FORWARD, SELMOURS.

MISTRISS FORWARD.

Quel but a l'entretien qu'ici Monsieur réclame?

SELMOURS.

Je suis Edouard Selmours, l'un des parens, Madame,
Et le fils adoptif de Georges Mékelfort :
Chargé des tristes biens que m'a laissé sa mort,
J'ai dû, comme un devoir, accepter l'héritage,
Et viens à votre nièce en offrir le partage.

MISTRISS FORWARD.

Mylord....

SELMOURS.

Je n'ai nul droit à des remercîmens.
Dans les biens du défunt quelques arrangemens
M'obligent à garder les fonds de la tutelle,
Jusqu'à l'heure où Jenny, d'un époux digne d'elle,
Acceptera les vœux. Je n'attends que l'honneur
De me voir consulté sur le choix de son cœur.

MISTRISS FORWARD.

Mais je ne comprends pas, mylord, comment vous-même,
Qu'honora d'un ami la confiance extrême,
Qui reçûtes de lui cent marques de bonté,
Ignorez à ce point ses vœux, sa volonté?
Le projet favori qui l'occupa sans cesse?

SELMOURS, *timidement.*

Quel projet?

MISTRISS FORWARD.

C'est à vous qu'il destinait ma nièce,
A vous que d'un époux il confiait les droits.
Le jour où je le vis, pour la dernière fois!
Il m'entretint long-temps de l'immense avantage
Qu'il vous fait en faveur de ce seul mariage.
Avant que de répondre à vos offres, souffrez
(Vous de qui la parole et l'honneur sont sacrés)
Souffrez que je m'adresse à votre conscience,

Et dites si jamais vous eûtes connaissance
De ces intentions de votre bienfaiteur ?

SELMOURS.

Je n'ai point l'intérêt d'un cupide imposteur :
De monsieur Mékelfort le testament n'impose
Nulle condition, ne prescrit nulle clause.

MISTRISS FORWARD.

J'ai peine à le penser,

SELMOURS.

Le voici : vous verrez
Que sans conditions ses biens sont assurés ;
Que de ma volonté j'y suis laissé le maître.
Je ne suis point trompeur, ni ne le veux paraître ;
Je n'ai trahi personne, et surtout devant vous,
De cette vérité je veux être jaloux.

MISTRISS FORWARD, *après avoir parcouru l'écrit.*

Vos biens et votre main sont à vous, je m'abuse.

SELMOURS.

Je renouvelle ici l'offre....

MISTRISS FORWARD.

Je la refuse ;
Certaine que ma nièce en tout m'approuvera.
Ces bienfaits, ma Jenny ne les acceptera
Que des mains d'un époux ; si vous prétendez l'être,
Votre cœur deviendra plus tranquille peut-être ;
Mais par un don (si rien ne doit plus nous lier)
Vous n'avez pas le droit de nous humilier.

SELMOURS.

(à part) *(haut)*
Quel coup de foudre ! Eh ! mais quelle idée est la vôtre,
Madame ? remarquez qu'inconnus l'un à l'autre,
Votre nièce ni moi ne pouvons sans danger....
L'un de nous deux, d'ailleurs, n'a-t-il pu s'engager ?

MISTRISS FORWARD.

Cela se peut.... du moins nul ne dira j'espère,
Que ma nièce ait trahi les derniers vœux d'un père.

SELMOURS.

Cependant....

MISTRISS FORWARD.

Vous savez ma réponse.

SELMOURS.

Ecoutez...
Mes projets valent bien d'être un peu médités.

MISTRISS FORWARD.

A mûrir des projets c'est moi qui vous invite :
Vous êtes gentilhomme, ayez-en la conduite ;
Puissiez-vous mieux un jour et connaitre et remplir
Les devoirs qu'un ami vous chargea d'accomplir.

(*Elle sort*).

SCÈNE VII.

SELMOURS.

Quel embarras cruel! fatales circonstances!
Voilà donc quel succès obtiendront mes instances?
Cette femme sans doute a surpris mon secret;
Que vais-je devenir? Et que craindre en effet
De ses méchans discours, si son refus s'obstine?
Je prévois l'avenir que le sort me destine:
Bientôt de l'aventure on médira partout;
Les salons, les journaux enchériront sur tout.
A travers mille affronts naîtra la calomnie;
Owen est près d'Oxford, là se tient réunie
Notre jeunesse anglaise à l'université :
Comme un homme sans foi j'y vais être cité,
Dépeint comme un ingrat, déshonoré peut-être,
Dans mon propre pays n'osant plus reparaître,
Au désespoir réduit, et tous ces maux, pourquoi?...
C'est qu'une femme fière, entêtée, a de moi,
Sans que rien la fléchisse, et tout indifférente,
Refusé d'accepter cent mille écus de rente.

SCÈNE VIII.

SELMOURS, JENNY.

JENNY, à part.

Selmours est encor là.

SELMOURS.

Je n'ai plus nul espoir.
Mais miss Jenny.... du moins si je pouvais la voir,
Si de ses vœux secrets j'obtenais connaissance?
Peut-être....

JENNY, à part.

Quelle crainte ou bien quelle espérance
D'un si court entretien me faut-il concevoir?
Sur le sort qui m'attend ne puis-je rien savoir?
Essayons d'approcher.

SELMOURS.

Je l'aperçois, c'est elle.

JENNY.

Si j'osais lui parler!

SELMOURS.

Parlons. Mademoiselle....

JENNY.

Monsieur?

SELMOURS.

J'ai desiré vous voir seule un moment.

JENNY.
De mon côté, monsieur, j'avais précisément
(à part)
Des choses... à vous dire. Il double mes alarmes.
SELMOUR, à part.
Voudrait-elle essayer le pouvoir de ses charmes.
JENNY, à part.
Veut-il me disposer ?
SELMOURS.
Je viens d'entretenir
Ici mistriss Forward ; et de votre avenir,
De vous, du sort brillant qu'un père vous assure
Il s'agissait... Sans vous je ne veux rien conclure ;
Heureux, quand je vous viens consulter sur ce point,
Si mon zèle empressé ne vous déplaisait point.
JENNY, à part.
Il prétend m'épouser, la chose est assez claire.
(haut)
Monsieur, vous méritez ma confiance entière ;
Vous êtes l'héritier de monsieur Mékeisort,
Et l'ami de mon père a des droits sur mon sort.
SELMOURS, à part.
Rien n'est moins équivoque. Ecartons sa pensée.
JENNY, à part.
Détruisons cet espoir dont son âme est bercée.
(haut)
Il est bien difficile à ce qu'on dit, Monsieur,
De rencontrer la paix, de fixer le bonheur
Dans les liens qu'ici pour tous deux on prépare.
SELMOURS.
Et l'on a raison, Miss ; le bonheur est si rare!
Sur les torts des époux, sur leurs tourmens divers,
L'expérience est vieille autant que l'univers.
JENNY.
Les femmes, je le sens, rarement en partage
Ont les simples vertus qui font un bon ménage.
SELMOURS.
Les hommes, je le sens, sont si chagrins, si faux!
JENNY.
Je ne m'abuse point sur le peu que je vaux ;
J'ai lieu de redouter mon fâcheux caractère.
SELMOURS.
J'ai peu de qualités.
JENNY.
Je suis vaine, légère.
SELMOURS.
Vous êtes franche au moins ; moi je suis dur, jaloux.
(à part)
Dieu ! quelle opinion prendra-t-elle de nous !
JENNY.
C'est au point que jamais, non, Monsieur, je vous jure,
Il n'est si léger tort que mon humeur endure,
Et je ne sais comment, je le dis sans détour,

On peut au même objet penser deux fois par jour.
SELMOURS.
Je suis vindicatif, mécontent.
JENNY.
Moi de même.
SELMOURS.
Je gronde à tous propos.
JENNY.
C'est mon bonheur suprême.
SELMOURS, à part.
Pour s'attacher un cœur ses moyens sont nouveaux.
JENNY, à part.
Où veut-il en venir avec tous ses défauts ?
(haut)
Et puis... Quand nos parens de notre main disposent,
Il advient si souvent...
SELMOURS.
Qu'aux regrets ils s'exposent ;
Et que nous avons fait d'avance un choix.
JENNY.
C'est vrai.
C'est à peu près le cas où je me trouverai.
SELMOURS.
Qu'entend-je, Miss ? ailleurs vous seriez engagée ?
JENNY.
Eh ! mais... d'en convenir je me crois obligée.
SELMOURS.
Vous en aimez un autre ! ah ! vous comblez mes vœux.
Oui, des hommes, Jenny, je suis le plus heureux.
(Il tombe à ses genoux.)
JENNY.
Que dites-vous ?
SELMOURS.
Que j'ai disposé de moi-même.
JENNY.
Vous ne m'épousez pas ; mon dieu ! que je vous aime !
SELMOURS.
Mademoiselle...
JENNY.
Eh ! mais, Monsieur, vous m'enchantez :
Quoi ! vous ne voulez pas de moi ? Que de bontés !
SELMOURS.
Ainsi donc, notre hymen...
JENNY.
M'inspirait l'épouvante,
Et je vous haïssais de tout mon cœur.
SELMOURS.
Charmante !
Unissons nos efforts comme le sont nos vœux...
JENNY.
Pour qu'on ne puisse pas nous marier tous deux,
N'est-ce pas ?

SELMOURS.
Si la tante à notre hymen s'obstine
Ou vous veut éloigner, venez, oui, ma cousine,
Chercher dans cet hôtel asile auprès de moi,
Près d'une femme à qui j'ai destiné ma foi,
Qui déjà s'intéresse au sort de votre vie,
Et qui sans doute un jour deviendra votre amie.
Parent de votre père, il fut mon bienfaiteur,
Et je suis aujourd'hui, Jenny, votre tuteur.

JENNY, *avec embarras.*
Mais il me faut, Monsieur, finir la confidence :
Un jeune homme...

SELMOURS.
De vous il est digne, je pense,
Puisqu'il a su vous plaire; avec mistriss Forward
Je prétends m'expliquer, terminer sans retard ;
Je lui déclarerai quel parti j'ai su prendre
Irrévocablement.

JENNY.
Elle peut nous surprendre ;
Je me retire : adieu, mon espoir est en vous.

SELMOURS.
Mais, Miss, auparavant...

JENNY.
Je l'entends ! quittons-nous.
Ne pourrez-vous bientôt revenir ?

SELMOURS.
Je l'espère.

JENNY.
Adieu.

SELMOURS.
Comptez sur moi.

SCÈNE IX.

SELMOURS, *avec enthousiasme.*

Le sort devient prospère :
Certes, je reviendrai. Si la tante prétend
M'enchaîner malgré moi, sa nièce me défend ;
L'intérêt de l'amour me répond de son zèle.

SCÈNE X.

SELMOURS, ROBERT.

ROBERT, *à lui-même.*
Pour protéger Jenny, je reviens auprès d'elle.
Que vois-je ? un étranger ?... Si c'était mon rival.

(29)

SELMOURS, à part.

Je sortirai vainqueur d'un embarras fatal :
O fortune ! une fois tu vas donc me sourire,
Et je puis défier les jaloux de me nuire.
Vers celle qui devra partager mon bonheur,
Courons ; et demandons à notre raisonneur,
Si dans l'état présent où je connais son ame,
Il persiste à vouloir que Jenny soit ma femme.
Allons, de notre hymen, hâtons l'instant si doux.

ROBERT.
(à part)   (haut)
Que dit-il de Jenny ? Monsieur.....

SELMOURS.
       Désirez-vous
Quelque chose de moi ?

ROBERT.
     Par un bonheur extrême,
Seriez-vous, je vous prie, Edouard Selmours ?

SELMOURS.
        Lui-même.

ROBERT.
Parbleu ! je suis, Monsieur, charmé de le savoir ;
A Londres, tout exprès, j'arrive pour vous voir,
Et de vous rencontrer j'avais impatience.

SELMOURS.
Je ne vous connais point.

ROBERT.
    Nous ferons connaissance.

SELMOURS.
Quelle affaire auriez-vous à me communiquer ?

ROBERT.
Elle ne sera pas longue à vous expliquer.

SELMOURS.
Si nous passions chez moi, nous serions plus à l'aise.

ROBERT.
Ce n'est qu'un mot, vous dis-je, et tout retard me pèse :
J'aime ; il est près d'Oxford, nous le savons tous deux,
Une jeune beauté, digne de tous les vœux.
Sa tante veut l'unir à je ne sais quel homme
De vos amis, dit-on, qui vient, on ne sait comme,
D'hériter de grands biens....

SELMOURS.
     Monsieur est dans ce cas
L'amant de miss Jenny ?

ROBERT.
     Certe ! et je n'aime pas
Les héritiers, Monsieur ; c'est une antipathie
Que je n'ai jamais pu surmonter de ma vie.
Ne pourrais-je un moment, à l'homme en question,
De ce défaut que j'ai déduire la raison ?
Faites-nous, s'il vous plaît, rencontrer tête-à-tête.

SELMOURS.
(à part) (haut)
Mon bonheur me l'adresse ; oh ! l'instant qui s'apprête
Ne sera pas, Monsieur, si sérieux ma foi ;
Et quand vous entendrez quelques paroles...

ROBERT.
Moi ?
Je ne suis point venu, Monsieur, pour des paroles.

SELMOURS.
Vous avez très-grand tort.

ROBERT.
Subterfuges frivoles !

SELMOURS.
Ecoutez seulement, et vous verrez.

ROBERT.
Je vois ?
Avant ceux de l'honneur, vous mettez d'autres droits,
Et les successions avant les tête-à-têtes.

SELMOURS.
Mais vous m'insultez ?

ROBERT.
Soit.

SELMOURS.
Aveugle que vous êtes !
Je veux vous obliger.

ROBERT.
Partez donc.

SELMOURS.
Imprudent !
Savez-vous, pour Jenny, quel est mon zèle ardent ?
Je puis vous expliquer.... Pourquoi tant se débattre ?

ROBERT.
Quand on veut s'expliquer, on ne veut pas se battre.

SELMOURS.
C'est moi qui maintenant vous demande raison :
Je pourrais d'un seul mot vous tout apprendre... Non,
Je le refuserais à la plus vive instance.

ROBERT.
Fort bien : vous remplissez, ma foi, mon espérance.

SELMOURS.
Jeune homme, vous pouviez prévoir que j'aime assez
L'espèce d'entretien dont vous me menacez ;
C'est un goût naturel : quittons cette demeure,
Votre vœu, juste ou non, sera rempli sur l'heure.

ROBERT.
Touchez-là ; nous allons nous entendre une fois.
Des armes en marchant nous réglerons le choix.

SCÈNE XI.

SELMOURS, ROBERT, PHRASIUS.

PHRASIUS.
Vous voilà, beau sujet de courses et d'alarmes!
Alte-là! qu'est-ce encor que votre choix des armes?
ROBERT.
Vous ici, Phrasius? qui vous eût attendu?
PHRASIUS
Et j'arrive à propos, si j'ai bien entendu;
Monsieur le déserteur, à la fin on vous trouve:
Mais sous mon aile ici je vous garde et vous couve.
ROBERT.
(à Selmours)
Importun! — Pardonnez.....
SELMOURS.
Pour vous en délivrer
Une heure suffira; je vais tout préparer,
Monsieur; dans Hide-Park nous nous joindrons ensuite.
(Il sort).
ROBERT.
J'y serai le premier.
PHRASIUS.
Nous verrons; pas si vite!
Je ne souffrirai point qu'on aille ferrailler.
ROBERT.
Ça, monsieur Phrasius, voulez vous donc railler?
Vous savez à quel point nous avons l'un pour l'autre
D'égards, de complaisance, et quel pacte est le nôtre.
A mon père jamais vous n'avez répété
Que j'ai tort peu de goût pour l'université;
Nous lui faisons tous deux le tort qui nous condamne,
Et je ne lui dis pas que vous êtes un âne,
Que de m'endoctriner vous n'avez nul moyen,
Car j'en sais plus que vous, moi seul qui ne sais rien;
Je lui tais que par fois celui qui me gouverne,
Le soir obliquement revient de la taverne.
D'une heure de silence accordez la faveur;
Cette condescendance importe à mon honneur:
J'y compte, Phrasius.
PHRASIUS.
Il en faudra rabattre!
Et pour quelle raison voulez-vous donc vous battre?
Vous ai-je donc appris à vous battre, moi? Non.
Et me soupçonne-t-on la cette éducation
Où j'ai mis des soins particuliers; car j'aime
A greffer les vertus que j'exerce moi-même.
ROBERT.
Savez-vous, Phrasius, ce qu'est le point d'honneur?

PHRASIUS.
Qui vous l'a donc appris à vous-même, Monsieur ?
ROBERT.
Deux maîtres plus que vous éloquens à mon âge.
PHRASIUS.
Ces docteurs, quels sont-ils ?
ROBERT.
L'amour et mon courage.
PHRASIUS.
Ces maîtres ne sont point des quatre facultés.
ROBERT, *à part.*
Quel surcroît d'embarras et de difficultés !
PHRASIUS.
Et c'est pour miss Jenny que vous voilà rebelle ?
Quand un homme brutal nous dispute une belle,
Monsieur, ou la lui cède. Eh ! lisez Cicéron,
Sénèque et leurs traités de modération.
ROBERT.
Vous pensez en amour comme en philosophie.
Je vole au rendez-vous....
PHRASIUS.
Oh ! je vous en défie;
Je préviens votre père et j'escorte vos pas.
ROBERT.
J'irai tout seul, pédant.
PHRASIUS.
Goddam ! vous n'irez pas.
ROBERT, *à part.*
Comment puis-je échapper à l'argus qui m'assomme ?
(*haut*)
Ecoutez, Phrasius, vous êtes un bon homme,
Et d'un ami prudent je sens qu'on a besoin,
Voulez-vous du combat vous-même être témoin ?
PHRASIUS.
Ai-je l'air d'un témoin, s'il vous plaît ?
ROBERT.
L'éloquence
Peut tout concilier; j'aime votre prudence,
Et m'en rapporte à vous; je reviens vous chercher.
PHRASIUS, *le retenant.*
Les gens que je tiens bien ne me font pas lâcher.
ROBERT.
J'ai réfléchi.
PHRASIUS.
Vraiment ?
ROBERT.
Quelle insigne folie
De risquer pour un mot les beaux jours de sa vie,
D'aventurer ainsi notre jeunesse !
PHRASIUS.
Eh ! oui,
Notre jeunesse !

ROBERT.
Entrons dans ce cabinet-ci ;
Je crois qu'en écrivant vous-même à l'adversaire,
Je trouverai moyen de me tirer d'affaire.

PHRASIUS.
A la bonne heure : allons, je n'aurais aussi bien
Pu consentir jamais qu'un jeune homme de bien
Se commît pour les droits qu'un vain amour se forge,
Et que pour son honneur, il se coupât la gorge.
Entrez donc.

ROBERT.
Après vous, mon très-cher précepteur.

PHRASIUS.
Non, je ne pouvais pas permettre ce malheur.

ROBERT, *l'enfermant.*
Ah ! tu ne pouvais pas !... je suis libre ; raisonne,
Pédant ; je vais agir, et le devoir l'ordonne ;
Au sortir du combat j'entendrai ton sermon.

PHRASIUS.
Cette plaisanterie est fort hors de saison,
Monsieur.

ROBERT.
Criez moins haut, car les rieurs, je gage,
Ne seront pas pour vous, si l'on vous voit en cage.

PHRASIUS.
Oh ! je suis furieux !

ROBERT.
Relisez Cicéron,
Sénèque, et leurs traités de modération.

PHRASIUS.
Ouvrez donc !

ROBERT.
Il n'est pas, j'espère, d'autre issue
Qui le puisse avant moi conduire dans la rue ;
Je suis sauvé !
(*Il sort*).

PHRASIUS.
Dans peu, je vous suivrai dehors :
Je vois un œil de bœuf où peut passer mon corps.

FIN DU SECOND ACTE.

ACTE TROISIÈME.

SCÈNE PREMIÈRE.

SELMOURS *seul.* (*Il écrit devant un secrétaire ; à côté de lui sont des pistolets.*)

Monsieur Pickle et sa sœur ont appris sans retard
Mon fâcheux entretien avec mistriss Forward ;
Mais mon duel pour eux est encore un mystère.
Voici bientôt l'instant : je m'y rendrai, j'espère,
Sans qu'on n'ait nul soupçon. Que me sert ma vertu ?
Pour Jenny l'on dira que je me suis battu ;
On croira que je suis un traître, un infidelle ;
Et mon Elisa même, ah ! que pensera-t-elle ?
Si je meurs, je ne puis prétendre à ses regrets ;
Si je triomphe, il faut m'éloigner pour jamais....
Que cette lettre au moins explique ma conduite !
  (*Il cachète la lettre.*)
  M. PICKLE, *dans la coulisse.*
Selmours !... Je veux le voir, lui parler tout de suite.

SCÈNE II.

SELMOURS, M. PICKLE.

  M. PICKLE.
Selmours, qu'est-on venu me parler d'un duel ?
  SELMOURS.
Parlez bas.
  M. PICKLE.
    Vous suivez cet usage cruel !
Vous, colonel, prétendre à si mince victoire ?
Servez votre pays : il n'est pas d'autre gloire.
Mais d'abord est-il sûr qu'on vous ait insulté ?
  SELMOURS.
Oui, c'est un inconnu, c'est un jeune éventé,
L'amant de miss Jenny, qui m'a cherché querelle ;
Je ne prétends en rien lui disputer sa belle.
Mais l'affront est connu, l'affaire a fait éclat,
Et j'espère avant peu corriger notre fat.
  M. PICKLE.
Le corriger, Monsieur ! ah ! j'entends, c'est-à-dire
Le tuer.

SELMOURS.
Je frémis du danger qu'il s'attire.
M. PICKLE.
Et savez-vous, Monsieur, quel est cet étourdi ?
SELMOURS.
C'est, je l'ai dit déjà, l'amant de miss Jenny.
M. PICKLE.
C'est mon fils, malheureux, mon fils ! et dans une heure
De votre propre main vous prétendez qu'il meure !
SELMOURS.
Ciel ! que m'avez-vous dit ?
M. PICKLE.
Ce qu'au même moment
M'apprend son précepteur. Laissons tout argument ;
D'écouter la raison vous n'êtes pas capable.
Ecoutez donc mon cœur : vous seriez bien coupable,
Pour un vain préjugé, d'immoler sans pitié
Les liens les plus chers, le sang et l'amitié,
Et le respect qu'on doit aux cheveux blancs d'un père.
SELMOURS.
Monsieur....
M. PICKLE.
Vous vous taisez ! votre cœur délibère !
Vous hésitez, Selmours, à me jurer ici
Que vous ne tuerez pas le fils de votre ami ?
Voilà donc la vertu dans le monde suivie !
L'homme qui, pour sauver sa maîtresse, sa vie,
Ne consentirait pas, dans un pressant danger,
A faire au bien d'autrui le tort le plus léger,
Esclave d'un honneur atroce et ridicule,
Cet homme, se peut-il, ne se fait pas scrupule
De priver un vieillard, un père, du seul bien
Qui lui reste, d'un fils, sa joie et son soutien ;
Et cet homme, ou plutôt ce meurtrier, aspire
A l'estime du monde, et voudra qu'on l'admire.
SELMOURS.
Eh ! mais... je ne suis point l'agresseur.
M. PICKLE.
Je le sai.
Par Robert, sans motif, vous fûtes offensé,
Dites-vous, son insulte est maintenant publique ;
Eh bien ! je vous demande un pardon authentique.
Je le demanderais en présence de tous,
Et ne rougirais pas d'embrasser vos genoux.
SELMOURS, *troublé*.
Gardez-vous-en, Monsieur.
M. PICKLE.
Promettez donc, barbare,
Que ce n'est pas la mort qu'un ami me prépare.
SELMOURS.
Eh ! Monsieur, suis-je sourd à vos cris, à vos vœux ?
Cet usage insensé, nous le blâmons tous deux.

Nommez ce préjugé ridicule, féroce :
Oui, cet honneur est faux, sa folie est atroce,
J'en conviens hautement ; mais j'y dois obéir.
Vous, qui me reprochez que mon plus cher désir
Est de flatter en tout l'opinion du monde,
Est-ce sur un tel point qu'il faut que je la fronde ?
Ce duel, aujourd'hui vous voulez l'empêcher ;
Mais l'un l'autre demain nous irions nous chercher.
Votre fils, comme moi, ne veut rien d'équivoque ;
S'il se désiste, eh bien ! c'est moi qui le provoque.
Il n'est donc qu'un moyen, vous n'avez qu'un espoir.
M. PICKLE.
Lequel ? parlez. Mon fils, dois-je encor le revoir ?
SELMOURS.
J'épargnerai ses jours, Monsieur ; je vous en donne
Ma parole d'honneur qui n'a trompé personne ;
Croyez à ma prudence, et que je fais ici
Tout ce que je puis faire en m'engageant ainsi.
M. PICKLE.
Le voilà cet ami comme il n'en est point d'autre !
SELMOURS.
Ma parole est à vous, mais il me faut la vôtre.
J'exige qu'étranger à ce fatal débat,
Vous demeuriez ici jusqu'après le combat.
M. PICKLE.
Il faut....
SELMOURS.
Que vos discours ne fassent rien connaître.
Je vous demande une heure ; après, vous serez maître.
A moins d'un tel serment, je ne réponds de rien.
M. PICKLE.
Noble et cruel ami..., je vous le donne.
SELMOURS.
Eh bien !
Vous serez content.
(Il prend les pistolets).
M. PICKLE.
Ciel ! Moi, votre ami, son père....
SELMOURS.
Nous reviendrons bientôt tous les deux, je l'espère.
Si je ne reviens pas..., donnez à votre sœur
Ce billet qui contient le secret de mon cœur.
M. PICKLE.
Quoi !
SELMOURS.
Votre fils m'attend ; assuré qu'il doit vivre,
N'exigez rien de plus, gardez-vous de nous suivre.
M. PICKLE.
Embrassez-moi.
SELMOURS, montrant la lettre.
Songez que mon honneur est là.
Je pars ; une heure encor trompez mon Elisa.

SCÈNE III.

M. PICKLE, seul. (Il tire sa montre).

Pendant une heure absent ! Dans quel trouble il me laisse !
Faut-il qu'il ait raison d'oublier la sagesse ?
Maudit amour ! Hélas, qu'un père est malheureux
De n'avoir qu'un seul fils, et qu'il soit amoureux !
L'étourdi, l'imprudent, s'arroger privilége
Avant ses vingt-cinq ans, de sortir du collége !
Se battre, avant d'avoir appris à disputer ;
Faire une passion, et sans me consulter !
Qu'il vienne !... Mais tandis qu'ici je me dispose
A le gronder, peut-être il s'escrime, il s'expose.
Et Selmours, cet ami si grand, si généreux....
Ce combat, quel qu'il soit, compromet l'un d'entre eux ;
Tous deux également je sens que je les aime :
Le sauveur de mon fils m'est cher comme lui-même.
Renfermons mes chagrins, dévorons-les tout bas.

SCÈNE IV.

M. PICKLE, FANNY.

FANNY, gaîment.
Où donc est lord Edouard ?
M. PICKLE.
     Eh ! ne m'obsédez pas.
FANNY.
Pourquoi s'éloigne-t-il ? Une belle inconnue
Qui soupire et se plaint ; pour le voir est venue ;
Elle est là.
M. PICKLE.
 Qu'on me laisse.
FANNY.
     Au lieu de lord Selmours,
Monsieur la recevra ?
M. PICKLE.
 Moi ?
FANNY.
    Parlez-lui toujours ;
Vous la consolerez, vous dont l'âme est si bonne.
M. PICKLE.
Je ne suis en état de consoler personne.
FANNY.
Essayez... — Entrez, Miss ; lord Edouard est sorti ;
Mais vous pourrez parler à son intime ami,
Qui de vous recevoir va se faire une fête.

SCÈNE V.

Les précédens, JENNY.

M. PICKLE.
Mais je n'ai point permis.... Allons, la chose est faite.

JENNY.
C'est à lord Edouard seul que je voulais parler,
Monsieur.

M. PICKLE.
Ma foi, Madame, à ne vous rien celer,
Si j'ai l'heur de vous voir, je n'en suis pas la cause,
Et ne crois pas pouvoir vous servir à grand chose.
(à part)
Peste du contre-temps !

JENNY.
Ce monsieur n'a, je croi,
Le temps ni le désir de s'occuper de moi.

FANNY, *prenant la lettre laissée sur le secrétaire.*
Je vous laisse. Monsieur ne m'en veut plus, sans doute ?
Je rejoins ma maîtresse.
(Elle sort).

JENNY.
Ah ! Monsieur, je redoute
De vous importuner.

M. PICKLE.
(à part)
Madame.... A chaque instant
Mon angoisse s'accroît.

JENNY, *à part.*
Il ne voit ni n'entend.

M. PICKLE, *à part.*
Robert, monsieur Robert, je vous la garde bonne !

JENNY.
Vous parlez de Robert ?

M. PICKLE.
Oui ; cela vous étonne ?
Vous m'en voyez, Madame, occupé malgré moi,
Et je n'en parle pas pour mon plaisir, ma foi.
C'est un franc étourdi, la plus mauvaise tête....

JENNY.
J'en sais un qui mérite un peu cette épithète.
Vous paraissez ému.

M. PICKLE.
N'en ai-je pas sujet ?
Que diriez-vous d'un fou qui, plein d'un seul objet,
Se révolte au collége, un beau jour l'abandonne,
Et court d'Oxford après une jeune personne,
Une Jenny qu'il ose aimer sans mon avis.

JENNY.
Eh bien, Monsieur ?

M. PICKLE.
Eh bien, ce fou là, c'est mon fils.
JENNY.
Votre fils?
M. PICKLE.
Oui, pourquoi cette surprise extrême?
D'où vient qu'à votre tour...
JENNY.
Eh! Monsieur, c'est moi-même,
Je ne puis le cacher, qui suis cette Jenny
Pour qui vous affligeant, Robert est trop puni.
M. PICKLE.
De monsieur Mékelfort, quoi! vous êtes la fille!
JENNY.
Je venais confier des chagrins de famille
A Selmours, mon tuteur.
M. PICKLE.
Ainsi donc c'est pour vous
Que Selmours, que Robert s'exposent, dites-nous?
JENNY.
Qu'entends-je?
M. PICKLE.
Ils sont aux mains, tous deux, à l'instant même.
JENNY.
Pourquoi Selmours, qui sait quel est celui que j'aime,
N'a-t-il pas détrompé...
M. PICKLE.
L'on n'a rien négligé;
Mais contre un amoureux, ou contre un enragé,
Qu'est-ce que la raison?
JENNY.
Que je suis malheureuse!
M. PICKLE.
Et moi donc?
JENNY.
Quand ma tante, hélas! trop rigoureuse,
Veut m'éloigner d'ici, je viens vers lord Edouard,
Et j'apprends...
M. PICKLE.
Suivez-moi près de mistriss Forward.
Mais ne pleurez donc pas.

JENNY, *s'appuyant sur un fauteuil.*
Mon Dieu, j'ai tant de peine!
M. PICKLE.
Vous changez de couleur, allez-vous perdre haleine?
Mais je n'ai pas le temps!... ah! maudit soit le jour,
Où le diable inventa les femmes et l'amour!
L'un pour un quiproquo se fait casser la tête,
L'autre s'évanouit, moi j'enrage et tempête....
Là, revenez, sortez de cet accès fatal,
De grâce, miss Jenny, ne vous trouvez pas mal!

SCÈNE VI.

Les précédens, Mistriss FORWARD.

MISTRISS FORWARD.

Ah! vous voilà, ma nièce, on ne m'a point trompée,
Et m'expliquera-t-on cette belle épupée?
Me quitter sans raison, pour vous réfugier
Chez un homme inconnu, peut-être un roturier!

JENNY.

Ma tante...

MISTRISS FORWARD.

Et vous, Monsieur, avez-vous le courage,
De faire encor des tours de la sorte, à votre âge!
Mais la justice est là. Le rapt est solennel.

M. PICKLE.

Il ne me manquait plus qu'un procès criminel.

MISTRISS FORWARD.

Séducteur! ravisseur! perturbateur!

M. PICKLE.

                Madame,
Je vous laisse pousser trois cris; pour une femme,
Ce n'est pas trop. Je suis monsieur Pickle : tout doux!
Vous êtes tante et nièce, eh bien! arrangez-vous.
J'ai, parbleu! d'autres soins. Je ne dis qu'une chose :
Je maudissais l'hymen que mon fils se propose;
Et maintenant, je sens, loin de m'en affliger,
Que j'y consentirais pour vous faire enrager.
Adieu.

(Il va sortir.)

JENNY.

Comment suffire à tout ce que j'éprouve.

SCÈNE VII.

Les précédens, ELISA, FANNY.

ÉLISA.

Quoi! c'est encore ici, mon frère, qu'on vous trouve,
Quand les jours de Robert, d'Édouard sont menacés?

M. PICKLE.

Voilà l'autre à présent! allons, en ai-je assez?
Et qui donc vous apprit?...

ÉLISA.

                Cette lettre funeste
Que Fanny m'a remise à l'instant.

M. PICKLE.

                Oh! la peste!

JENNY.
Ah! rendez-nous Robert!
ÉLISA.
Rendez-nous lord Edouard!
M. PICKLE.
Eh! rendez-moi la paix. — Voilà mistriss Forward
Et Jenny.
ÉLISA.
Restez, Miss; c'est ici la demeure
De vos amis.
M. PICKLE, *à part.*
Selmours n'a demandé qu'une heure...
La voilà qui s'écoule... on ne me retient plus,
Je suis libre!
ÉLISA, *à Jenny.*
Nos vœux seront-ils superflus?
M. PICKLE.
Mais on vient... ce sont eux! faut-il que je le croie?
Je demeure interdit de surprise et de joie.

SCÈNE VIII.

LES PRÉCÉDENS, SELMOURS, ROBERT.

ROBERT, *à Selmours, sans voir les autres acteurs.*
Prenez-vous donc plaisir à braver mon courroux,
Monsieur? je vous suivrai:
SELMOURS.
Fort bien!
(*Pickle veut s'élancer vers son fils; Selmours lui tend la main
la lui presse; les femmes le retiennent en arrière.*)
ROBERT.
Expliquez-vous:
Nous étions en présence; offensé (c'est l'usage),
De tirer le premier vous aviez l'avantage;
Vous refusez, je tire; et mon coup juste et prompt
Fait voler le chapeau qui vous couvrait le front,
Vous l'allez froidement relever!... puis encore,
« Vous pouvez, dites-vous, recommencer. » J'ignore
Quels seraient les motifs d'un si cruel dédain.
Retournons à l'instant, Monsieur, sur le terrain,
Ou vous m'expliquerez quelle humeur est la vôtre.
SELMOURS.
Ou parler ou frapper, j'aime mieux l'un que l'autre;
Ici je parlerai: vous êtes le seul fils
(le montrant)
De Pickle mon ami. J'ai reçu vos défis:
Vous vouliez m'enlever une jeune personne
(montrant Jenny)
A qui j'ai déclaré, comme l'honneur l'ordonne,

Qu'un autre engagement m'enchaînait pour toujours.
Il fallait m'exposer, non attaquer vos jours.
Mais comme on a soumis par un étrange usage
La raison à l'erreur, le sang-froid à la rage,
Si vous êtes encore ou furieux ou fou,
Je consens à vous suivre et vous m'atteindrez..., ou
Si vous manquez le but, on m'entendra redire
Que vous tuer n'est pas un triomphe où j'aspire,
Plus qu'à vous disputer le cœur de miss Jenny.

M. PICKLE, *à Robert.*

Eh bien ! écervelé ?....

ROBERT.

Vous m'avez trop puni,
Lord Edouard ; c'est à vous qu'appartient l'avantage,
Je le sens ; et suis prêt à réparer l'outrage.

SELMOURS.

Eh bien ! j'accepterai la réparation,
Et je n'y mets, Monsieur, qu'une condition.

ROBERT.

Laquelle ? prononcez, parlez : que dois-je faire ?

SELMOURS.

Tout Londre est informé du vœu testamentaire
Qui cause nos débats ; Madame a cru devoir
Prescrire à miss Jenny de ne rien recevoir
Que des mains d'un époux. Que Monsieur le devienne
Cet époux ; pour les torts dont il faut qu'il convienne,
J'exige qu'il accepte ici, sans nul retard,
L'offre que j'ai sans fruit faite à mistriss Forward.

M. PICKLE.

C'est-à-dire, en un mot, cent mille écus de rente.
Quelle vengeance !

JENNY.

Edouard, quelle leçon touchante !

M. PICKLE, *à Robert.*

Çà, monsieur le coquin, c'est à mon tour, ma foi !
(le repoussant)
Viens d'abord m'embrasser !... misérable ! c'est toi,
Qui de fuir ton collége a l'incroyable audace....

ÉLISA.

En faveur du bonheur, accordez-lui sa grâce.

M. PICKLE.

(à mistriss Forward)
Soit. — Tout le monde ici, Madame, est amoureux,
Excepté nous, pourtant ; qu'ils soient tous quatre heureux.
Vous qui craignez si fort et roture et scandale,
L'amour pour ces enfans plaide avec la morale.

MISTRISS FORWARD.

Mais quel rang, votre fils ?..

M. PICKLE.

Eh ! s'il faut parler net,
Je ne m'en vantais pas, mais je suis baronnet.

(43)

TOUS.

Ah Madame !

JENNY.

Ma tante, eh ! vous êtes si bonne !
Dites-moi d'être heureuse.

MISTRISS FORWARD.

Allons, soyez baronne.

SCÈNE IX.

LES PRÉCÉDENS, PHRASIUS.

PHRASIUS, *poussant un cri.*
Tout est prêt ! Phrasius ne s'est point endormi.
(à Robert)
Oh ! nous allons revoir Oxford, mon bel ami.
Venez, j'ai retenu deux places au carosse ;

PICKLE.

Malencontreux !

PHRASIUS.

Marchons, tout est prêt.

ROBERT, *montrant Jenny.*

Pour la noce.

Voilà mon précepteur.

PHRASIUS.

Comment ?

M. PICKLE.

Sir Phrasius,
Je reprends votre élève, et vous n'en serez plus.

PHRASIUS.

Eh ! mais... donénavant que faut-il que je fasse ?

M. PICKLE.

Dans mon château d'Incoln je vous fais garde-chasse.

PHRASIUS *à Fanny.*

Et j'irai seul ?

FANNY.

Tout seul.

M. PICKLE.

Eh bien ! mon cher Selmours,
Vous avez accordé l'honneur et vos amours,
Poursuivez ; qu'en vertus votre carrière abonde,
Et ne vous flattez pas de plaire à tout le monde.

FIN.

DE L'IMPRIMERIE DE DOUBLET, RUE CIT-LE-COEUR.

Contraste insuffisant

NF Z 43-120-14

www.ingramcontent.com/pod-product-compliance
Lightning Source LLC
Chambersburg PA
CBHW070717050426
42451CB00008B/684